HUGO GROTIUS,

FAIT HISTORIQUE

EN TROIS ACTES, EN PROSE,

DE M. KOTZÉBUE,

Traduit et arrangé pour la scène Française

Par MM. Dumaniant et Thuring.

A PARIS,

Chez Barba, Libraire, Palais du Tribunat, galerie du Théâtre Français, n°. 51.

AN XIII. (1804.)

PRÉFACE.

Grotius, (Hugues) en flamand *de Groot*, c'est-à-dire le Grand, l'un des plus savans hommes et des plus beaux esprits qui ayent paru en Europe, naquit à Delf, le 10 Avril 1582, d'une illustre famille de cette ville. Ami de Barneveld, l'attachement qu'il avait pour ce grand homme, causa son malheur, il fut condamné à une prison perpétuelle et renfermé dans le château de *Louvestein*, le 6 Juin 1619. Il se sauva de sa prison par l'adresse de sa femme.

Cette anecdotte a fourni à *Kotzébue* le sujet d'un Drame régulier et qui nous a paru assez intéressant pour essayer de le transporter sur la scène Française.

Un auteur connu par ses nombreux succès, a tiré, de ce même ouvrage, un mélodrame, qui sera incessamment joué sur le théâtre de la Porte S.-Martin. Quoique lû et reçu après *Hugo Grotius*, nous n'avons point balancé à le faire représenter le premier. Il est naturel, quand on est chez soi, de faire les honneurs de sa maison aux étrangers. Cependant, ce n'est point ici une simple politesse : nous avons cru que la pièce de M. G... P... convenait mieux, sous tous les rapports, à notre cadre, que celle que nous avions arrangée. Nous n'avions voulu présenter au public que l'ouvrage de *Kotzébue*; et M. G... P..., par ce qu'il a sû y ajouter, est bien plus imitateur que traducteur. Il peut attacher de l'importance à son travail, et le nôtre est si peu de chose, que nous ne fesons point un grand sacrifice en renonçont pour le moment, ou pour toujours même, à l'honneur souvent dangereux d'assembler le public, pour lui soumetttre le fruit de ses veilles. Au reste, *Hugo Grotius* pourrait convenir à tout autre théâtre, qui ne serait pas forcé, comme ceux des boulevards, de ne monter que des pièces à spectacle, pour compter sur des succès lucratifs, et c'est pour ces administrations, plus heureuses que la nôtre à cet égard, que nous fesons imprimer cette production d'*origine allemande*.

PERSONNAGES.

HUGO GROTIUS.
MARIANE, femme de Grotius.
CORNÉLIE, fille de Grotius.
FÉLIX, fils de Grotius.
Le Prinne d'ORANGE.
Le GOUVERNEUR de la forteresse.
MAURICE, major.
Un SERGENT.
Deux SOLDATS, parlans.
Soldats.
Suite du Prince.

La scène est dans un château fort.

HUGO GROTIUS.

ACTE PREMIER.
Le théâtre représente une prison.

SCENE PREMIERE.
CORNÉLIE, LE SERGENT.

(*Un Sergent entre par la porte du fond, relève les sentinelles qui sont en dehors; la porte reste ouverte. On a précédemment entendu le bruit des tambours.*)

CORNÉLIE, *elle est entrée par la droite de l'acteur.*

De grace, faites silence; mon malheureux père sommeille, ne le réveillez pas.

LE SERGENT.

Soldats, sous peine de la vie que personne ne pénêtre en ces lieux. (*Le tambour bat, et les huit gardes sortent par la gauche.*)

SCENE II.
CORNÉLIE, *seule*.

Les barbares! ils ne m'écoutent point. Hélas! ils ne soupçonnent pas que priver un infortuné du repos, c'est lui ravir le seul bien qui lui reste.

SCENE III.
CORNÉLIE, MARIANE.

CORNÉLIE.

Ah! maman, c'est vous!

MARIANE.

Le bruit de ces soldats a réveillé ton père.

CORNÉLIE.

Ah! voilà ce que je craignais.

MARIANE.

Le voici.

SCÈNE IV.

CORNÉLIE, GROTIUS, MARIANE.

GROTIUS.

Tu t'es levée bien matin, ma chère enfant; je t'avais ordonné de prendre du repos; tu me l'avais promis, est-ce parce que je suis prisonnier que tu cesses de m'obéir?

CORNÉLIE, *lui prend la main et la baise.*

Mon père!

GROTIUS.

Dans les fers ou dans un palais, mon autorité sur toi doit être la même.

CORNÉLIE.

Votre situation...

GROTIUS.

Est heureuse. Ne suis-je pas entre mon épouse et ma fille. Puis je me plaindre de l'injustice des hommes, lorsqu'ils me permettent de jouir de vos embrassemens.

MARIANE.

C'est ce que je ne cesse de lui répéter.

CORNÉLIE.

Vos ennemis...

GROTIUS.

Je ne crois point en avoir; je n'ai fait de mal à personne. J'ai pu me tromper souvent; quel homme en place peut se promettre d'être toujours exempt de reproches? mais au moins mes erreurs furent involontaires. J'aimai Barneveld parce que je le crus vertueux; je fais gloire de l'aimer encore, et je le défendrais s'il était en ma puissance de le défendre; non, que je prétendisse soulever la nation en sa faveur, mais je voudrais convaincre ses ennemis de son innocence. Oh! qu'elle jouissance pour mon âme, s'il m'eût été permis de faire entendre ma voix devant les juges assemblés! quel beau ministère! quel bel emploi de l'éloquence que celui d'arracher aux fers des loix la victime de la calomnie et de la haîne! mais le ciel m'a privé de ce bonheur; je dois me résigner à mon sort, je dois me soumettre aux décrets de cette impénétrable providence qui ne fait souvent tomber un homme de si haut, que pour nous convaincre du néant de ces grandeurs dont nous sommes si follement avides. Donne-moi cette Bible, ma fille; c'est là que je trouverai des consolations, c'est là que je finirai d'apprendre à dompter les mouvemens d'un cœur quelquefois trop prompt, à se révolter contre l'injustice et l'oppression. (*Il s'est assis en demandant la Bible.*)

MARIANE.

J'admire la fermeté de votre âme, votre courage dans le malheur.

GROTIUS, *assis*.

A quoi servirait la sagesse, si elle n'apprenait point à supporter le malheur ?

MARIANE.

Pourquoi ne vous occupez-vous point de faire un placet pour le prince ?

GROTIUS.

Il sait que je suis innocent, et il a l'âme grande et généreuse.

MARIANE.

Et cependant vous êtes dans les fers !

GROTIUS.

Ce n'est point par ses ordres.

MARIANE.

Mais il le souffre.

GROTIUS.

A-t-il dû l'empêcher ? des présomptions s'élèvent contre moi, l'on m'accuse : il ne peut point, il ne doit point s'opposer au cours de la justice. Ce n'est point une grace que je demande, c'est ma conduite politique, c'est ma vie entière que je veux que l'on juge ; et c'est de cet examen que j'ose espérer ma justification.

MARIANE.

Votre fatale confiance vous perdra. Si nous vivions dans des tems ordinaires, je serais aussi tranquille que vous. L'esprit de parti est toujours injuste. Attendrez-vous qu'un arrêt dicté par la prévention vous fasse traiter comme un vil criminel ?

GROTIUS.

Si je meurs innocent, ma mémoire un jour sera honorée.

CORNÉLIE.

Songez à votre pauvre Cornélie ; qui sera son appui dans le monde si vous l'abandonnez !

GROTIUS.

Je ne me pare point, ma chère fille, d'un courage au-dessus de la nature humaine ; toi, ton frère, ma tendre épouse, vous me faites chérir la vie ; n'empoisonnez pas le peu d'instans qui m'en restent peut-être, par des regrets stériles. Oui, si je pouvais sans manquer à l'honneur, sans amener des déchiremens et des troubles, briser ma chaîne, me retirer avec vous dans un asile ignoré des hommes, je ne balancerais pas un instant.

MARIANE.

La France, la Suède, le Danemarck vous tendent les bras et vous appellent.

GROTIUS.

Les nations étrangères m'honorent et ma patrie me donne des fers.

CORNÉLIE.

Il faut la fuir.

GROTIUS, *souriant*.

Tu as raison, ma chère Cornélie. Tous les préparatifs sont-ils faits? partons à l'instant.

CORNÉLIE.

Vous souriez, mon père; c'est que rien n'est moins impossible; la ville de Gorcum n'est pas très-éloignée de ce château; là vous avez de nombreux amis, là, vous trouverez des secours.

GROTIUS.

Les portes de cette tour vont sans doute nous être ouvertes? la Meuse sera soudain desséchée pour nous offrir un libre passage?

MARIANE.

L'or opère souvent de plus grands prodiges.

GROTIUS.

On a saisi le peu que nous en possédions. As-tu trouvé un trésor dans ce château?

MARIANE.

N'ai-je pas mes bijoux?

CORNÉLIE.

Si au lieu d'or la reconnaissance nous frayait un chemin pour votre fuite.

GROTIUS.

Je devine; tu fondes ton espoir sur le jeune Maurice, dont j'ai soigné l'enfance, dont j'ai cultivé les heureuses dispositions, et que son mérite et mes recommandations peut-être ont fait monter rapidement au grade qu'il occupe.

CORNÉLIE.

Maurice vous doit de la reconnaissance.

GROTIUS.

Et j'irais exiger qu'il trahit ses devoirs, qu'il me fît le sacrifice de son honneur et de sa vie sans doute? j'ai accepté de son amitié, les services qu'il pouvait me rendre sans se compromettre; c'est à ses sollicitations que je dus d'abord la permission de me procurer des livres qui trompirent l'ennui de ma solitude; c'est à lui que je dus bientôt après le bonheur plus grand de vous voir l'une et l'autre partager ma prison.

Oh! ce grand bienfait l'a bien acquitté envers moi. L'étude, l'amitié, vos soins compatissans, votre tendresse, ont fait pour moi, de ce séjour redouté, l'asile de la paix et du bonheur, oui, du bonheur. Je vois tout ce que j'aime, je ne crains plus que d'injurieux soupçons planent sur ma tête, je ne crains plus que la calomnie m'accuse de fomenter des troubles. Cette captivité qui vous afflige, sauve ma gloire peut-être, sans rien me dérober de l'intérêt qu'inspire toujours l'innocent dans les fers. Cessez de vous attendrir sur mon sort, il n'a rien d'affreux; Barneveld ne sera point condamné, et le jugement qui l'absoudra, fera cesser la prévention qui me poursuit; et en me rendant mes emplois, on me permettra d'être encore utile à mes concitoyens.

MARIANE.

O! mon digne époux, que vous connaissez peu les hommes; vous les jugez d'après vous.

GROTIUS.

Ils sont sujets à se tromper, je le sais; mais il vient un tems où ils abjurent leurs erreurs; et alors ils s'empressent de réparer le mal qu'ils ont pu faire. (*il ouvre sa Bible.*) Mariane! Cornélie! voyez, je viens de trouver ce billet, il est de mon fils.

MARIANE.

De Félix.

GROTIUS.

Il savait bien que de tous les livres, celui-ci serait le premier que je lirais. Ecoutez. (*il lit.*)

« Une barque de pêcheurs préparée par des amis et mon-
» tée par des hommes déterminés, partira de Garcum et ira
» jeter l'ancre aux pieds de la tour où l'on vous retient cap-
» tif. Je sais que dans votre prison on vous laisse encore jouir
» d'assez de liberté pour qu'il ne vous soit pas impossible
» de descendre jusques au bord de l'eau. Ayez un peu d'au-
» dace, et je réponds du reste. »

MARIANE.

Ce cher enfant !

CORNÉLIE.

Le bon frère !

GROTIUS.

L'insensé !

CORNÉLIE, *à la fenêtre.*

La barque est là, au milieu du fleuve; elle approche de la tour; je vois flotter le pavillon bleu.

Hugo Grotius. B

MARIANE, *vivement*.

Eh bien ! à l'approche de la nuit nous monterons sur la platte-forme de la tour ; nos draps, nos hardes, un panier, nous fourniront les moyens de te faire descendre jusques au bord de l'eau. Ton danger, l'espoir de le voir cesser nous donneront les forces nécessaires. Bientôt tu sera libre ; tu ne sortiras de mes bras que pour te jeter dans ceux de mon fils. Allons, un peu de courage, un peu d'audace, le ciel fera le reste.

GROTIUS, *souriant*.

Les gardes qui veillent dans cette enceinte nous laisseront exécuter notre projet avec tranquilité.

CORNÉLIE.

Il n'y en a jamais un seul sur la platte-forme, ni du côté de la rivière.

GROTIUS.

Non, mes tendres amies, non, je ne fuirai point en homme qui redoute l'œil scrutateur de la justice. On ne me condamnera pas sans m'entendre : on ne dira point de moi, Grotius, à la veille de son jugemement, sut se soustraire par une fuite coupable aux preuves qui allaient l'accabler : il n'osa point se présenter devant ses accusateurs. Une flétrissure innéfaçable s'attacherait à mon nom ; je serais maudit de mes concitoyens, et les étrangers me repousseraient avec mépris. Mon parti est pris, ma résolution est irrévocable. Si j'étais un simple particulier, je céderais à vos instances ; mais un homme d'état a d'autres devoirs à remplir.

(*Un carreau de vitre est brisé, une flèche tombe dans l'appartement.*)

MARIANE.

Quel bruit ! que vois-je ?

CORNÉLIE.

C'est une flèche.

MARIANE.

Aurait-on le dessein d'attenter à ta vie ?

GROTIUS.

Le moyen serait mal choisi. C'est quelque jeune étourdi sans doute qui aura voulu exercer son adresse en ajustant cette croisée.

CORNÉLIE.

Un billet est attaché à cette flèche ; c'est l'écriture de mon frère.

MARIANE.

Voyons. (*elle rit.*) « Je suis aux pieds de la tour avec une
» barque, en habit de pêcheur, je vous attends, le tems presse,
» ne perdez pas un moment. Barneveld, le vertueux Barne-
» veld a péri ; les juges qui l'ont condamné n'épargneront
» point l'ami de ce grand homme. Fuyez, mon père, fuyez,
» il en est tems encore. »

MARIANE.

Ah ! mon sang se glace dans mes veines !

GROTIUS, *avec douleur.*

Mon ami n'est plus !

MARIANE.

Doutez-vous à présent que vos persécuteurs ne fassent tomber votre tête sur un vil échafaud ?

CORNÉLIE.

Mon père, rendez-vous à nos prières et à nos larmes. Il ne faut que peu d'instans pour que nos préparatifs soient faits.

GROTIUS.

Ah ! ma fille, qu'exiges-tu de moi ?

CORNÉLIE, *à genoux.*

En vous priant de conserver vos jours, c'est la vie que je vous demande. Pensez-vous que je puisse vous survivre ?

SCENE IV.

MAURICE, CORNÉLIE, GROTIUS, MARIANE.

CORNÉLIE.

Qui vient en ces lieux ?... c'est Maurice !

GROTIUS.

Monsieur le Major, je vous salue.

MAURICE.

Ne suis-je plus votre fils.

MARIANE.

Oh ! toujours.

MAURICE.

Ce nom de fils que vous m'avez souvent donné fait ma gloire. Je le porte avec orgueil. Mon éducation, le rang que je tiens dans le monde sont votre ouvrage ; si je jouis de l'estime générale, j'aime à convenir que je la dois à l'amitié dont vous m'honorâtes toujours, et aux sages conseils qui dirigèrent mes pas dans la carrière de l'honneur.

GROTIUS.

Votre reconnaissance m'a payé de mes soins.

MAURICE.

O! mon bienfaiteur, apprenez une nouvelle qu'il m'est bien doux de vous annoncer le premier.

MARIANE.

Quelle est-elle ?

MAURICE.

Celle de la liberté de votre époux. Un délégué des états doit venir briser ses fers aujourd'hui même ; ses biens, ses emplois, tout lui sera rendu.

GROTIUS.

Cette clémence m'étonne ! ceux qui ont fait périr Barneveld peuvent-ils m'absoudre ?

MAURICE.

Quoi ! vous savez ?

GROTIUS.

Que ce grand homme n'est plus.

MAURICE.

Je voulais vous le taire.

GROTIUS.

D'où peut naître tant d'indulgence à mon égard ?

MAURICE.

Je l'ignore ; mais je puis vous garantir la vérité de ce que j'avance.

GROTIUS.

Et m'accorde-t-on ma liberté sans restriction ?

MAURICE.

On exigera que vous ne donniez aucune publicité aux écrits que vous avez composés pour un ami malheureux.

GROTIUS.

A présent que je n'ai plus l'espoir de le sauver, que m'importent de vains écrits ? des plumes plus éloquentes que la mienne se chargeront de venger sa mémoire.

MAURICE.

On espère aussi que vous garderez le silence sur tout ce qui s'est passé aux états pendant votre détention, et surtout.... il m'en coûte de vous le dire.

GROTIUS.

Achevez.

MAURICE.

On désire que vous fassiez une rétractation publique de vos sentimens en faveur des partisans d'Arminius.

GROTIUS.

J'admire la générosité dont on use envers moi. On me laisse la vie, on me rend la liberté ; mais on exige que je me déshonore. Non, mon ami, jamais : ce sacrifice est impossible. Ce que j'ai écrit en faveur d'Arminius est ma croyance ; je puis être dans l'erreur, que l'on me réfute. Je ne suis point un insensé, un fanatique ; j'aime la vérité, et la trahir est une lâcheté dont on n'a pas dû me croire capable. Dans un palais, ou dans les fers, à la tête des états ou sur l'échafaud je tiendrai toujours le même langage. Reportez ma réponse aux États. Si je ne puis être libre qu'en mentant aux hommes et à ma conscience ; je préfère la prison, l'exile et la mort, même à cette ignominie. (*il sort.*)

SCENE V.
CORNÉLIE, MAURICE, MARIANE.

MAURICE.

J'admire son austère vertu.

MARIANE.

Maurice, voici le moment de reconnaître tout ce que ton bienfaiteur a fait pour toi. Le tems est précieux ; ma fille t'expliquera ce que nous osons attendre de ton zèle et de ton amitié.

SCENE VI.
CORNÉLIE, MAURICE.

CORNÉLIE.

Maurice, je ne mettrai point d'art dans mes discours. C'est une fille tendre qui t'implore pour son père, pour le tien, et nos cœurs sont faits pour s'entendre et pour se deviner. Je sais déjà combien nous te devons ; un poste plus glorieux t'était offert, tu as sollicité un grade inférieur, celui de major de ce château pour être utile à ton bienfaiteur. Tu as su adoucir sa captivité, le sauver des horreurs de la solitude ; il faut achever ton ouvrage.

MAURICE.

Que faut-il faire ?

CORNÉLIE.

Être son libérateur.

MAURICE.

Son libérateur ! eh ! le puis-je ? c'est sous les ordres du

Gouverneur que je commande ici; ce n'est point en mes mains que sont remises les clefs de cette tour.

CORNÉLIE.

Écoute-moi. Si mon père était accusé d'un crime contre la sûreté de l'Etat, innocent ou coupable, je me tairais; il importerait à son honneur et au nôtre de laisser aux tribunaux le soin de sa défense. Tout le monde lui rend justice, il est partout proclamé comme un citoyen irréprochable; ses ennemis n'ont pas même élevé un doute sur sa conduite politique. Une secte l'attaque : c'est le fanatisme aux prises avec la vertu, et les fanatiques ne pardonnent point. Mon père, inébranlable dans ses principes, ne composera point avec sa conscience. L'infortuné mourra plutôt que de descendre au mensonge. Grotius t'a nommé son fils, cent fois tu m'as nommée ta sœur; tu desires de porter un titre plus doux et plus auguste... Eh bien ! si le nom de mon époux a quelque charmes pour toi, sauve un crime à des hommes égarés, qui quelques jours t'en remercieront eux-mêmes ; rends un père à ta Cornélie, conserve un ami à la République ; ne trompes point mon attente, ou renonce à moi pour jamais. (*elle veut sortir.*)

MAURICE.

Demeure, ordonne, parle, qu'exiges-tu de moi ?

CORNÉLIE, *se jetant dans ses bras.*

Ah ! tu es vaincu, tes larmes t'ont trahi, tu seras mon époux.

MAURICE.

Que le courroux des ennemis de ton père tombe sur moi seul, je ne chercherai point à m'y soustraire. Si l'inflexibilité de la discipline militaire ne peut m'absoudre, les cœurs généreux me plaindront : ils diront, il sut mourir pour sauver son ami.

CORNÉLIE.

Non, je ne veux point que tu t'exposes ; ce que j'exige de toi ne peut te compromettre. N'outre-passe point les ordres qu'on t'a donnés; continue d'avoir la même surveillance que tu as eu jusqu'à présent ; oublie pour quelques instans que Grotius est ton ami, ton bienfaiteur, ton père ; ne te présente point dans son appartement; ignore nos projets, ne te souviens pas que je te les confie. Une barque est aux pieds de la tour ; mon frère et quelques amis n'attendent que l'instant ou ma mère et moi remettrons en leurs mains l'objet de notre amour et de notre tendresse. La nuit nous favorisera, aucun garde n'est posté du côté de la rivière. Si tu restais auprès de nous, on te croirait notre complice ; nous n'oserions rien entreprendre de peur de t'entraîner dans notre perte. Ton devoir peut te retenir ailleurs ; sois partout où tu devrais être ; mais ne sois point auprès de nous. Bientôt nous serons sur une terre hospitalière ; et si tu préfères la douceur d'une vie tranquille aux honneurs qui t'attendent en ces lieux, viens trouver ta Cornélie et sa tendresse peut-être te dédommagera du sacrifice que tu feras pour elle. Adieu, Maurice, adieu ; si tu m'aimes, c'est en France que nous pourrons nous retrouver ; et je te connais assez pour croire que tu ne me feras pas long-tems désirer ta présence.

SCÈNE VII.

MAURICE, *seul*.

Ce n'est point au Major Heldeinbourg que tu viens de parler, c'est à ton ami, à ton frère que tu viens d'ouvrir ton cœur ; c'est dans son sein que tu as déposé ton secret... oublions ce qu'elle vient de me dire... L'oublier !... cela m'est impossible ; mon âme est d'accord avec la sienne ; et quoique le sort puisse ordonner de moi, je ne recouvrerai le bonheur que lorsque mon ami, mon père, sera loin de ses persécuteurs. O lois cruelles de l'honneur ! pourquoi vous opposez-vous à ce qu'il ne doive qu'à moi seul son retour à la liberté.

Fin du premier Acte.

ACTE II.

SCENE PREMIERE.

MAURICE, *seul*.

O Cornélie, que loin de toi les heures s'écoulent lentement ! que viens-je faire en ces lieux ? ne m'a-t-elle pas dit : Sois partout où tu devras être ; mais ne sois point auprès de nous. Un ascendant invincible me ramène ici malgré moi ; malgré ses prières je suis prêt à franchir le seuil de cette porte, à partager avec elle le danger de son entreprise. Arrête, Maurice, tu te rends doublement coupable si tu oses t'offrir à ses regards ; éloigne-toi, fuis ; ta désobéissance aux ordres de Cornélie peut la réduire au désespoir, en l'empêchant d'exécuter son courageux projet. (*il va pour sortir.*)

SCENE II.

LE SERGENT, FÉLIX, MAURICE.

LE SERGENT.

Monsieur le Major, voici un jeune homme que nous avons surpris rodant auprès de la tour.

MAURICE, *à part*.

Félix ! le fils de Grotius !

LE SERGENT.

Ce costume simple, sous lequel il se déguise peut cacher un ami de Grotius ; j'ai cru devoir l'arrêter et le conduire devant vous.

FÉLIX.

Monseigneur, est-ce que vous ne me reconnaissez pas ?

MAURICE.

C'est le fils d'un pêcheur des environs. Laissez-nous, retournez à votre poste. Je vais interroger ce jeune homme, et s'il est coupable, il ne sortira point de cette forteresse. (*Le Sergent sort.*)

SCENE III.
FÉLIX, MAURICE.

MAURICE.

Imprudent! pourquoi as-tu quitté ta barque où tu étais en sûreté, où personne n'avait encore soupçonné ta présence?

FÉLIX.

J'étais dans la plus mortelle inquiétude. J'avais écrit deux lettres à mon père, où je lui faisais part de mes projets pour son évasion. J'ignorais s'il avait reçu mes lettres.

MAURICE.

Tout est préparé pour sa fuite, et, dans l'instant où je te parle, il est sans doute avec ta sœur et ta mère sur la plateforme de la tour.

FÉLIX.

Si je pouvais leur parler un moment.

MAURICE.

Songe où tu es ; songe que le Gouverneur à qui tes traits ne sont point inconnus, est dans cette forteresse, qu'il vient souvent ici pour faire la visite, que ton déguisement éveillerait ses soupçons. (*il va à une table.*) Fuis, je t'en conjure ; ce laisser-passer, que je vais te donner, te procurera une libre sortie. (*il écrit et lui remet un papier.*)

FÉLIX.

Eh bien, je t'obéis. Le moment approche, je vais faire avancer ma nacelle plus près des murs de ce château. Je le vois, mon cher Maurice, c'est à toi que je vais devoir la liberté de mon père ; et si je parviens avec notre précieux fardeau sur l'autre rive, tu peux alors exiger la dernière goutte de mon sang.

SCENE IV.
FÉLIX, MAURICE, LE GOUVERNEUR.

MAURICE.

Ciel! le Gouverneur! fais ensorte qu'il ne voie point ta figure et hâte-toi de fuir. (*Félix sort en tournant le dos au Gouverneur.*)

LE GOUVERNEUR.

N'est-ce pas là ce jeune homme que l'on vient d'arrêter?

MAURICE.

Oui, Gouverneur,

LE GOUVERNEUR.

Avez-vous tiré quelqu'indice de lui ?

MAURICE.

Il ne m'a rien appris que je ne connusse déjà.

LE GOUVERNEUR.

On a toujours bien fait de s'assurer de sa personne.

MAURICE.

J'ai cru devoir lui rendre la liberté.

LE GOUVERNEUR.

Vous le connaissez donc ?

MAURICE.

Depuis son enfance. Il appartient à d'honnêtes gens, bien malheureux, dont il est l'unique ressource, et que sa détention eut réduit au désespoir.

LE GOUVERNEUR.

Je suis l'ennemi de toute rigueur inutile, vous le savez, Major ; mais la circonstance présente...

MAURICE.

Que se passe-t-il donc ? a-t-on des craintes ?

LE GOUVERNEUR.

Je vous cherchais pour vous en instruire. On parle de trahison.

MAURICE.

De trahison !

LE GOUVERNEUR.

On parle de délivrer Hugo Grotius.

MAURICE.

Par quel moyen ?

LE GOUVERNEUR.

On parle publiquement à Gorcum d'intelligence avec la garnison de ce château.

MAURICE.

Serait-il possible ?

LE GOUVERNEUR.

De corruption à prix d'or ?

MAURICE, *vivement*.

De corruption à prix d'or ? Cela est faux, si l'on parlait de penchant, d'opinion...

LE GOUVERNEUR.

Eh! morbleu, que ce soit penchant, opinion, ou partout autre moyen de séduction que le soldat se laisse corrompre...

MAURICE.

Eh! d'où savez-vous ?...

LE GOUVERNEUR.

Une lettre que je reçois à l'instant m'avertit du complot.

MAURICE.

Qui soupçonne-t-on de le tramer ?

LE GOUVERNEUR.

Je l'ignore; mais ma sûreté personnelle m'impose le devoir de redoubler de vigilance. Je réponds de Grotius sur ma tête.

MAURICE.

Quoi! s'il s'échappait...

LE GOUVERNEUR.

Je n'aurais nulle grâce à espérer.

MAURICE, *très-haut*.

Hola! sergent.

LE GOUVERNEUR.

Que faites-vous ? j'ai encore à vous parler.

MAURICE.

Ce que vous venez de m'apprendre, le danger que vous courez m'oblige à prendre des précautions nouvelles.

SCÈNE V.

MAURICE, LE SERGENT, LE GOUVERNEUR.

MAURICE.

Sergent, faites placer des sentinelles près de la tour, du côté de la Meuse; et que toutes les barques qui traverseraient le fleuve soient obligées de débarquer à cent pas de distance du château; faites éloigner toutes celles qui sont amarrées au parapet. Gardez-vous cependant d'attenter à la liberté d'aucun individu. Allez, ne perdez pas une minute, pour exécuter l'ordre que je vous donne.

SCÈNE VI.

MAURICE, LE GOUVERNEUR.

MAURICE.

Si le malheureux Grotius pouvait s'échapper, c'est par ce côté seulement que sa fuite deviendrait possible.

LE GOUVERNEUR.

Comment, en désignant les postes, avais-je pû oublier...

MAURICE.

Je n'y avais pas songé à mon tour, et quel regret que cette idée...

LE GOUVERNEUR.

Il n'y a pas de regret à avoir puisque cette précaution est prise à tems. Ecoutez-moi : le danger de Grotius n'est pas le seul que nous ayons à craindre ; on m'avertit que ses partisans arment à Gorcum.

MAURICE.

Cet homme respectable désavouerait toute entreprise à main armée.

LE GOUVERNEUR.

Je le crois. Mais parmi ses sectateurs, il est des gens hardis qui agiraient sans le consulter. Cette citadelle, la faible garnison qui la défend, ne sont point assez fortes pour opposer une longue résistance. Il m'est enjoint d'aller à Gorcum voir ce qui se passe pour couper le mal dans sa racine. Je vous remets les clefs de la tour; commandez en mon absence. Vous êtes l'ami de Grotius, mais vous êtes aussi le mien, et je sais que vous mourrez avant de vous laisser enlever le prisonnier, que je confie à votre garde, jusques à mon retour.

SCÈNE VII.

MAURICE, *seul*.

Maurice! Maurice! qu'as-tu fait? sans toi, Grotius, ton bienfaiteur, ton père allait échapper à la fureur de ses ennemis. Sans la confiance que Cornélie a eue en toi, serais-tu instruit de ce projet d'évasion? tu viens de trahir celle que tu aimes! comment soutiendras-tu ses regards, ses justes reproches? mais, que dis-je? les clefs de la tour, les voilà! je puis ouvrir la porte du chemin couvert, je puis... Arrête, malheureux, souviens-toi que le Gouverneur t'a sauvé la vie sur le champ de bataille... Ah! quelle position est la mienne!... Sur quelqu'objet que se porte mon imagination effrayée, je ne vois que crime, malheur et désespoir. (*il tombe assis la tête sur la table.*)

SCENE VIII.
CORNÉLIE, MAURICE.

CORNÉLIE.

Ah! vous voilà, monsieur, jouissez des fruits de votre horrible perfidie.

MAURICE.

Si vous saviez...

CORNÉLIE.

Je sais tout. Oseriez-vous nier que c'est vous qui avez donné l'ordre de placer des sentinelles auprès de la tour? je l'ai entendu cet ordre sortir de votre bouche.

MAURICE.

L'honneur m'y forçait.

CORNÉLIE.

L'honneur! homme vil! comme tu te joues de ce mot! sans ma fatale confiance aurais-tu pénétré le secret de la fuite de mon père?

MAURICE.

Je vous parais coupable.

CORNÉLIE.

Et je l'aimais cet ingrat; je voulais l'associer à la gloire d'une action généreuse que je pouvais exécuter sans lui.

MAURICE.

Ah! si j'osais parler!

CORNÉLIE.

Justifie-toi, s'il est possible. Ne vois-tu pas que l'accusation qui pèse sur ta tête cause mon désespoir? ne vois-tu pas qu'il m'en coute de te mépriser... Tremblant, immobile, tu ne réponds rien; ta contenance est-elle celle d'un coupable accablé de remord? est-elle celle d'un infortuné, qui, malgré soi, a subi l'impérieuse loi d'une nécessité cruelle?... tu le vois, oui, je vais au-devant des excuses que tu peux imaginer. Si mon père doit obtenir sa liberté, sans les conditions que l'on veut y mettre, tu as bien fait de l'empêcher de fuir, de lui sauver les dangers d'une entreprise périlleuse sans doute! Je te l'avoue, ce n'est pas sans crainte que j'osais la tenter; n'est-il pas vrai, Maurice, que c'est l'espoir de voir ton ami libre par des moyens naturels, que tu t'es opposé à l'exécution de nos projets ? Tu as sollicité sa grace, tu espères l'obtenir, et si tu gardes encore le silence, c'est que tu attends pour parler le succès de tes démarches ! je t'ai confié mon secret, confie-moi le tien : je ne t'en voudrai point si ton espoir est trompé. Je dirai : Maurice voulut nous rendre heureux, il échoua dans cette noble entreprise, mais je ne lui en dois pas moins mon estime et mon amour.

MAURICE.

Non, Cornélie, non, je ne descendrai point au mensonge pour me justifier. Les dangers de votre père sont plus grands que jamais.

CORNÉLIE.

Barbare ! et c'est dans cette circonstance que tu t'opposes à sa fuite.

MAURICE.

Il va être libre si vous l'ordonnez.

CORNÉLIE.

Comment ?

MAURICE, *à lui-même*.

Oui, si je me dévoue, le Gouverneur ne court aucun danger. Puisqu'on lui ordonnait de quitter la forteresse pour quelques instans, on ne peut pas le condamner pour m'avoir cru attaché à mes devoirs. Ma conduite précédente sera son excuse, et je me chargerai de le justifier. Cornélie, voilà les clefs de la tour, prends celle-ci. Au bas de l'escalier tu trouveras une porte qui conduit dans les fossés ; tu suivras la contrescarpe jusques au glacis qui borde la rivière ; une seule sentinelle pourrait vous appercevoir, je vais la trouver pour détourner son attention et vous donner le tems de joindre votre frère.

CORNÉLIE.

Et vous suivrez nos pas ?

MAURICE.

Un jour nous nous reverrons dans un lieu où les cœurs sont à découvert, où l'on ne craint plus les faux jugemens des hommes.

CORNÉLIE.

J'interprète ton langage. Non, je n'accepte point ton barbare secours. Maurice, pardonne à ta Cornélie, pardonne à une fille tendre d'avoir pu te croire coupable. Tu n'as pas besoin de m'en dire davantge ; je lis dans ton cœur, il est digne du mien. Subissons notre sort, que rien désormais ne nous sépare. Oublie mon injustice envers toi, et laisse à ma tendresse le soin de pouvoir un jour le réparer.

SCENE IX.

CORNÉLIE, MAURICE, LE SERGENT.

LE SERGENT.

Au moment de son départ, le Gouverneur vient de recevoir un contre-ordre. Il demande les clefs pour introduire, par la grande porte, un détachement qui arrive avec quelques pièces d'artillerie.

(*Maurice sépare une clef du trousseau, veut la donner à Cornélie qui refuse de la prendre. Maurice la remet au trousseau et les donne au sergent qui sort.*)

SCENE X.

MARIANE, CORNÉLIE, MAURICE.

MARIANE, *à part, en entrant.*

Ce projet offre moins de périls et peut s'exécuter sans peine. (*elle apperçoit Maurice,*) Ciel ! vous ici, M. le Major ? vous venez sans doute pour recevoir les témoignages de notre reconnaissance....

CORNÉLIE.

Ah ! ma mère, ne l'accablez point par un reproche injuste. S'il a donné cet ordre qui a retenti jusqu'à nous, il avait ses raisons pour le faire.

MARIANE.

Je ne veux point entrer en explications. Hugo Gotius, ferme dans ses principes, renonce à sa liberté, si elle peut compromettre celle d'un autre. Un militaire a des devoirs à remplir. De quelque manière que M. le Major ait sû notre projet, il a dû s'opposer à son exécution.

MAURICE.

Ah ! madame, ce n'est pas ainsi que vous parleriez à celui que vous avez si souvent traité comme votre fils, si vous ne le jugiez point coupable d'un horrible abus de confiance ; un jour vous apprendrez à me connaître.

MARIANE.

Pour vous prouver, Maurice, que je n'ai point changé de façon de penser à votre egard, que je ne refuse point de recevoir de vous les services qu'il vous est permis de me rendre, je vous prie, au nom de votre ami, de votre père adoptif, de faire remettre le panier qui renferme les livres de mon époux, à Félix qui est encore sur le rivage à nous attendre. Grotius a besoin de se distraire ; il a besoin de livres nouveaux pour son grand ouvrage ; son libraire de Gorcum n'a pas rempli son intention dans le dernier envoi qu'il lui a fait. Voici la liste de ceux que Grotius désire.

MAURICE.

Vous allez être obéie. (*il va à la porte.*) Deux soldats ?

SCENE XI.

LES PRÉCÉDENS, DEUX SOLDATS.

MAURICE, *aux soldats*.

Suivez madame dans son appartement.

MARIANE.

Il n'est pas nécesaire ; le panier est là, tout près de la porte. Allez doucement, je vous en supplie ; mon époux repose dans la seconde pièce ; le moindre bruit pourrait le réveiller.

Ier. SOLDAT.

Comme cela pèse ! qu'y a-t-il donc là dedans ?

MARIANE.

Des livres.

Ier. SOLDAT.

Je n'aurais jamais cru que la sience fut si lourde.

IIe. SOLDAT.

Cela est fermé ; voudriez-vous, madame, nous donner la clef.

MARIANE.

Eh ! pourquoi ?

IIe. SOLDAT.

Eh ! parbleu ! pour faire la visite.

MARIANE.

Ma fille, as-tu cette clef ?

CORNÉLIE.

Elle est sous le chevet du lit de mon père.

MARIANE, *à part les premiers mots*.

Quel embarras ! troubler son repos... mais c'est la première fois que l'on prend une semblable précaution.

LE Ier. SOLDAT.

Ce n'est point par curiosité, je vous le jure car; pour les livres, comme je ne sais pas lire! vous sentez bien que je n'ai pas envie de les voir; mais on a donné la consigne au corps de garde, il n'y a qu'une minute, de ne laisser rien entrer ni sortir sans le visiter, ou sans l'ordre d'un chef.

MAURICE.

Obéissez, je me charge de tout; et je vais vous accompagner jusques au bord de la rivière, pour éviter des perquisitions inutiles.

SCENE XII.

MARIANE, CORNÉLIE.

CORNÉLIE.

O! ma mère, quel effroi ces soldats m'ont causé!

MARIANE.

Je ne serai rassurée que lorsque mon époux sera sorti de cette enceinte.

CORNÉLIE.

Bon Maurice! et nous l'accusions de nous trahir!

MARIANE.

Crois-tu qu'il ait soupçonné...

CORNÉLIE.

Oh! oui, maman; je l'ai vû pâlir quand ces soldats ont demandé la clef.

MARIANE.

Demain, à l'aube du jour, nous sortirons de ce lieu, il faut déterminer Maurice à nous accompagner.

CORNÉLIE.

Oh! oui, maman, il faut qu'il nous suive. On sait qu'il est l'ami de mon père, on lui imputerait son évasion; il serait perdu. Perdu pour nous! n'est-il pas vrai, ma mère, que nous ne devons pas le souffrir.

MARIANE.

Non, ma fille, et s'il t'aime...

CORNÉLIE.

Oh! oui, il m'aime, j'en suis sûre à présent. (*on entend un coup de canon.*)

MARIANE.

Quel effroi s'empare de mes sens! serions-nous découverts? mon cœur se glace d'épouvante.

CORNÉLIE.

Ce signal annonce-t-il que l'on vient d'arrêter mon père. (*elle va à la fenêtre.*) On court, on s'empresse. (*le tambour bats aux champs.*) J'entends le tambour. Cependant tout est tranquille sur le bord de la Meuse ; à la lueur des flambeaux je distingue Maurice, la barque au pavillon bleu... Elle s'éloigne du rivage... Il est sauvé.

MARIANE, *se jetant à genoux.*

O mon dieu ! je te remercie.

SCENE XIII.

MARIANE, LE GOUVERNEUR, CORNÉLIE.

LE GOUVERNEUR.

Madame, je vous annonce le Prince.

MARIANE.

Notre persécuteur !

LE GOUVERNEUR.

Le Prince est votre ennemi, j'en conviens, mais il est généreux, magnanime, et s'il cherche à vous voir, ce n'est point pour insulter à votre malheur. Le voici.

SCENE XIV.

MARIANE, LE PRINCE, LE GOUVERNEUR, CORNÉLIE.

LE PRINCE.

Gouverneur, je suis content de l'ordre que vous avez établi dans la forteresse. Je vous en témoignerai publiquement ma satisfaction : je n'attendais pas moins de votre amour et de votre zèle pour le service.

LE GOUVERNEUR.

Prince, je vous présente l'épouse et la fille de Grotius.

LE PRINCE.

Madame, quoique les circonstances ne semblent point nous réunir en ces lieux comme amis, j'espère que nous ne nous quitterons point sans l'être devenus.

MARIANE.

Je sais, Prince, que vous estimez le courage dans ceux même qui nous sont opposés.

LE PRINCE.

On nomme souvent courage ce qui n'est qu'une obstination à persévérer dans ses erreurs.

MARIANE.

Pardonnez, prince; nous sommes dans les fers et vous commandez; le respect m'interdit de vous répondre comme je le pourrais peut-être, si nos positions étaient les mêmes.

LE PRINCE.

Je n'abuserai ni de la mienne, ni de la vôtre pour aggraver votre infortune. Il va dépendre de votre époux de changer sa destinée; un mot, un seul mot peut nous réconcillier.

MARIANE.

Et s'il refusait de le dire ce mot.

LE PRINCE.

J'en serais désespéré; la clémence a ses bornes, et celui qui gouverne au nom de la loi n'est pas toujours le maître d'obéir aux mouvemens de son cœur. Daignez me présenter à votre époux; peut-être serai-je assez heureux pour triompher de sa résistance.

MARIANE.

Non, Prince, ne l'espérez pas.

LE PRINCE.

Laissez-moi du moins la gloire de le tenter

MARIANE.

Je suis sensible à vos procédés généreux : je rougirais de vous abaser plus longtems; Grotius n'est plus en votre puissance.

SCENE XV.

LES PRÉCÉDENS, MAURICE, *au fond du théâtre.*

LE PRINCE.

Comment ?

MARIANE.

Il a brisé ses fers.

MAURICE, *à part.*

O bonheur !

LE PRINCE.

Grotius est libre ? quel téméraire a pû lui prêter son secours ?

MARIANE.

Moi !

LE PRINCE.

Par quel moyen l'avez-vous fait échapper?

MARIANE.

C'est mon secret.

LE PRINCE.

Un projet aussi hardi n'a pu s'exécuter sans que vous eussiez des complices ; il m'importe de connaître les traîtres à qui j'accorde ma confiance, nommez-les ou craignez...

CORNÉLIE.

Prince, j'embrasse vos genoux. Si ma mère eut des complices c'est moi seule qui le fus. Pourriez-vous faire un crime à une épouse, à une fille de sauver ce quelles ont de plus cher au monde. Si nous vous paraissons coupables, punissez-nous ; mais, non, faites grace à ma mère, retenez-moi prisonnière en ces lieux, et je bénirai mon sort, si je sais les auteurs de mes jours libres et heureux. Qu'avez-vous à redouter d'un vieillard sans ambition, incapable de concevoir un projet de vengeance ? et vous pourriez-vous craindre une femme qui ne sut jamais que chérir son époux ainsi que ses enfans.

LE PRINCE.

Relevez-vous, mademoiselle ; c'est avec regret que je vous déclare qu'il m'est impossible de vous rendre la liberté à l'une et à l'autre, si vous ne me nommez à l'instant les personnes dont il faut que je me défie.

MAURICE, *s'avançant.*

Prince, ne cherchez pas plus long-tems celui sur qui doit tomber tout le poids de votre colère. Il est devant vos yeux.

LE PRINCE.

Eh ! qui donc êtes-vous?

MAURICE.

Je me nomme Maurice Heldeinbourg ; je suis Major de cette forteresse. J'étais orphelin ; Hugo Grotius prit soin de mon enfance ; cette femme vertueuse et sensible me tint lieu de mère et dirigea ma jeunesse. Je servais votre altesse, j'avais le grade de Capitaine, et je m'étais concilié l'estime de mes chefs. J'apprends le sort de mon bienfaiteur ; la nature du délit dont il est soupçonné me fait trembler pour ses jours. Je sollicite la place de Major de la forteresse où il est détenu ; ma demande est appuyée par mes chefs, et j'arrive en ces lieux avec l'intention prononcée de sauver mon père et mon ami. L'occasion d'exécuter mon projet se présente, je la saisis avec ardeur. C'est moi, Prince, c'est moi qui suis le seul coupable, et c'est moi seul que vous devez punir.

MARIANE.

Il vous abuse; il ignorait nos projets.

MAURICE.

Je vous ai dit la vérité.

LE GOUVERNEUR.

Un excès de générosité l'égare. Maurice est le meilleur officier de l'armée, et le plus incapable de manquer à ses devoirs ; je n'ai jamais hésité à l'investir du commandement de la forteresse, toutes les fois que mon service me forçait de m'éloigner d'ici. Cette nuit, Prince, je lui ai confié les clefs de la tour.

CORNÉLIE.

Et loin d'en abuser, c'est lui qui a cherché à mettre obstacle à la fuite de mon père.

LE GOUVERNEUR.

Toute la garnison pourra l'attester.

LE PRINCE.

Qu'avez-vous à répondre ?

MAURICE.

Le fait que l'on vient d'alléguer pour ma défense est vrai; je ne puis le nier.

CORNÉLIE.

Prince, vous le voyez, il n'est point coupable.

MAURICE.

Mais on ignore le motif qui a dirigé ma conduite. En retardant la délivrance de mon ami, je voulais la rendre plus sûre. Prince, personne n'a divulgué le secret de la fuite de Grotius : seul je puis vous l'apprendre. Le prisonnier a été enlevé de ces lieux dans une mane à livres, et c'est moi qui ai ordonné à deux soldats de la sortir de la tour, de la transporter au bord de la Meuse, où une barque de pêcheur l'attendait; un des soldats a voulu ouvrir le coffre, c'est moi qui l'en ai empêché, en me chargeant de tout. C'est moi qui ai servi d'escorte à ce précieux fardeau. J'ai trahi mon devoir; mais j'ai satisfait à la reconnaissance, et j'attends, sans frémir, l'arrêt qui doit me condamner.

LE PRINCE.

Remettez votre épée au Gouverneur. (*Maurice remet son épée.*)

CORNÉLIE.

Il est innocent, je l'atteste à la face du ciel.

LE PRINCE, *au Gouverneur.*

Faites convoquer la cour martiale, elle a seule le droit de prononcer. En attendant sa réunion, Maurice gardera les arrêts dans cette forteresse, dont il prétend avoir facilité la sortie à Grotius. Si les témoins ne chargent point l'épouse et la fille d'Hugo, j'ordonne que leur liberté leur soit à l'instant rendue. Une vengeance basse est indigne de moi. (*il sort.*)

SCENE XVI.

Les précédens, hors LE PRINCE, et sa Suite.

LE GOUVERNEUR.

Mon devoir m'oblige de vous séparer.

MARIANE, *avec douleur.*

Ah ! malheureux Maurice, qu'avez-vous fait ?

MAURICE.

Suis-je encore digne d'être votre fils ?

MARIANE.

Je m'honorerais de t'avoir donné le jour.

CORNÉLIE.

Ah ! Maurice !

MAURICE.

Je meurs content, j'emporte tes regrets.

LE GOUVERNEUR.

Mesdames, daignez me suivre.

CORNÉLIE.

Il faut donc nous séparer, hélas ! et pour toujours peut-être.

MAURICE.

Ma mère ! Cornélie !

LE GOUVERNEUR, *à Maurice.*

Donnez-leur l'exemple du courage.

MAURICE.

Adieu !

CORNÉLIE.

Adieu.

(*Les femmes sortent par la gauche, le Gouverneur et Maurice sortent par le fond.*)

Fin du second Acte.

ACTE III.

Le théâtre représente une place devant la forteresse que l'on voit à la gauche de l'acteur. La rivière est au fond. Il fait jour.

SCENE PREMIERE.
LE PRINCE, LE GOUVERNEUR.

LE PRINCE.

Vous avez reçu des dépêches ; que vous annonce-t-on de Gorcum.

LE GOUVERNEUR.

Grotius est arrivé dans cette ville et sa présence y produit la sensation la plus vive ; le peuple entoure sa demeure, il le demande à grands cris ; mais au départ du courrier, Grotius ne s'était pas encore rendu aux instances de ses nombreux amis, on m'a même ajouté que l'on avait vu son fils courir au milieu de la foule et l'engager, au nom de son père, au calme et de la tranquilité.

LE PRINCE.

Le feu de la discorde civile couve encore au sein de nos provinces : l'éloquence mâle de Grotius pourrait aisément ralumer l'incendie.

LE GOUVERNEUR.

Sa femme et sa fille sont des otages qui vous répondent de lui.

LE PRINCE.

Qu'est-ce que le tribunal a prononcé à leur égard ?

LE GOUVERNEUR.

Voici le jugement.

LE PRINCE.

Quelle en est la teneur ?

LE GOUVERNEUR.

Il absout l'épouse et la fille de Grotius ; mais il porte condamnation contre Maurice Heldeinbourg.

LE PRINCE, *à part*.

Malheureux jeune homme !

LE GOUVERNEUR.

Les témoins ont confirmé ses déclarations.

LE PRINCE.

Allez trouver Maurice, et faites tout préparer pour cet instant fatal.

LE GOUVERNEUR.

Mon Prince.... pardonnez... il est... nous fûmes amis... de cœur... Mais vous l'ordonnez, je vais remplir le triste ministère que vous m'imposez.

SCENE II.

LE PRINCE, *seul*.

Se je n'écoutais que la voix de mon cœur ; mais il faut un exemple. C'est de l'exécution stricte des lois, que dépend la sûreté de la république.

SCENE III.

LE PRINCE, FÉLIX.

FÉLIX.

N'est-ce pas le Prince lui-même.

LE PRINCE.

Que veut ce jeune homme ?

FÉLIX.

Si j'osais !

LE PRINCE.

Il paraît vouloir m'aborder.

FÉLIX.

Monseigneur...

LE PRINCE.

Approchez sans crainte. Avez-vous quelque chose à me dire ?

FÉLIX.

Je suis chargé d'une lettre.

LE PRINCE.

Pour qui ?

FÉLIX.

Pour vous-même, Prince.

LE PRINCE.

De quel part ?

FÉLIX.

Elle est de Grotius.

LE PRINCE, *prend la lettre et l'ouvre*.

De Grotius ?

FÉLIX.

C'est pour sa femme et sa fille qu'il vous implore.

LE PRINCE, *après avoir lu.*

C'est elles seules, dit-il, qui sont les auteurs de son évasion. Hugo Grotius s'abaisserait-il au mensonge ?

FÉLIX.

Il en est incapable.

LE PRINCE.

Son épouse et sa fille lui seront rendues.

FÉLIX.

Ah ! prince, vous avez remporté bien des victoires ; mais celle que vous venez de remporter sur vous-même est la plus belle de toutes.

LE PRINCE.

Le tribunal a déclaré innocentes l'épouse et la fille de Grotius. La loi parle ; mon ressentiment doit se taire ; dis à celui qui t'envoie que sa liberté coûte la vie au major Heldeinbourg.

FÉLIX.

Que dites-vous, prince ! quoi ! Maurice ?...

LE PRINCE.

Vient d'être condamné.

FÉLIX.

Lui ! seigneur !

LE PRINCE.

Il touche à sa dernière heure.

FÉLIX.

Maurice est innocent.

LE PRINCE.

Les témoins, son aveu, toute la garnison.

FÉLIX.

Les témoins, la garnison, les juges sont dans l'erreur comme vous l'êtes vous-même en ce moment. Si Maurice s'est accusé, c'est un excès de vertu que vous devez admirer, bien loin de le punir.

LE PRINCE.

Jeune homme, ce langage ?

FÉLIX.

Il part de mon cœur, c'est la vérité qui l'arrache. Ne souffrez pas, seigneur, ne souffrez pas qu'un innocent périsse ; s'il vous faut une victime, s'il est un coupable que vous deviez frapper, le voilà, il est devant vos yeux.

LE PRINCE.

Qui donc es-tu ?

Hugo Grotius.

E

FÉLIX.

Le fils d'un homme que vous haissez, le fils de Hugo Grotius.

LE PRINCE.

Jeune homme, ton dévouement me plaît, il t'honore à mes yeux. Il ne m'est pas possible de m'opposer à la marche de la justice; la discipline militaire exige un grand exemple; Maurice est condamné, il subira son arrêt.

FÉLIX.

Cet arrêt est inique, et vous êtes aussi barbare que les juges qui l'ont prononcé, si vous souffrez qu'on l'exécute.

LE PRINCE.

Tant de hardiesse!

FÉLIX.

Excusez le délire d'un cœur au désespoir; je vous irrite, quand je ne devrais songer qu'à vous fléchir. Maurice est mon frère d'adoption, il est plus, il est mon ami. Eh! fut-il coupable de la faute qu'on lui impute, le motif qui la lui aurait fait commettre, ne mériterait-il pas de lui faire obtenir sa grâce?

LE PRINCE.

Il ne dépend plus de moi de l'accorder.

FÉLIX.

J'ai n'ai donc plus d'espoir?

LE PRINCE.

Partez avec votre mère et votre sœur, je pourrais, je devrais les retenir peut-être; puisse votre père apprécier ce que je fais pour lui.

FÉLIX.

Ah! seigneur, pourquoi ne savez-vous etre généreux qu'à demi?

LE PRINCE.

Eloignez-vous. Ne me rappelez pas que vous être le fils d'un homme qui sembla toujours se faire une gloire de braver ma puissance.

FÉLIX.

Si Maurice périt... Adieu, Seigneur.

SCENE IV.
LE PRINCE, seul.

Est-ce une menace que renferment ces dernières paroles? Si Maurice périt... Oui, il périra, non à cause de ton audace téméraire, jeune homme; mais parce que l'arrêt qui le condamne est juste et qu'il faut mettre un frein à l'insubordination du soldat, toujours funeste au chef assez faible pour le souffrir.

SCENE V.

LE PRINCE, LE GOUVERNEUR, Un Adjudant.

LE GOUVERNEUR, *parlant avec effort.*

Prince, je viens d'exécuter vos ordres... excusez... si la douleur qui m'oppresse m'empêche de vous rendre un compte fidèle... Maurice fut mon ami... et c'est moi qui viens de lui annoncer l'arrêt fatal... Malheureux Maurice! (*il se couvre le visage et se détourne.*)

LE PRINCE.

Ces larmes que vous versez n'ont rien qui doive vous faire rougir.

LE GOUVERNEUR.

Ah! si vous pouviez faire grace.

LE PRINCE.

Ce droit n'appartient qu'aux Etats.

LE GOUVERNEUR.

Si vous la demandiez.

LE PRINCE.

La sévérite me répugne; mais il est des circonstances... Comment Maurice a-t-il reçu la nouvelle de l'arrêt qui le condamne?

LE GOUVERNEUR.

En homme, en héros; que restera-t-il à l'innocent, si le coupable sait mourir avec tant de tranquilité? non, Maurice n'a point mérité son malheur.

LE PRINCE.

Auriez-vous quelque indice?

LE GOUVERNEUR.

Aucun, prince... il persiste à s'avouer coupable... Je ne sais; mais à la veille d'une bataille jamais mon cœur n'a battu comme dans cet instant.

LE PRINCE, *à l'Adjudant.*

Assemblez la garnison sur la place d'armes; faites conduire ici le prisonnier; dès que tout sera prêt, vous viendrez m'avertir. (*Le Prince rentre dans la forteresse à la gauche de l'acteur.*)

SCENE VI.

LE GOUVERNEUR, *seul.*

Ce jour me rapelle ces momens affreux de nos guerres civiles, où, prêt à livrer bataille, je tremblais de me trouver en face de mon frère ; un frisson involontaire glaçait mon courage.... de même en cet instant... Silence, mon cœur ; je ne suis qu'un soldat fidèle à son devoir... Maurice a transgressé les lois de l'honneur ; l'honneur, l'aliment de la gloire militaire... il m'est permis au moins de le plaindre...

SCÈNE VII.

LE GOUVERNEUR, MAURICE, Gardes.

LE GOUVERNEUR.

On s'avance ; c'est lui ; la marche silencieuse des gardes qui le conduisent, leur air d'abattement, leurs armes baissées, sa contenance modeste... on l'aimait, on le respectait... C'est lui qui va périr et c'est moi qui frissonne. (*Il fait signe aux gardes de s'éloigner un peu. Maurice s'avance vers lui ; le Gouverneur adresse la parole à Maurice sans le regarder.*) Major Heldeinbourg, les circonstances malheureuses où se trouve la Hollande exigent un grand sacrifice.

MAURICE.

Je le sais et je suis résigné.

LE GOUVERNEUR.

Êtes-vous préparé à la mort ?

MAURICE.

Je le suis.

LE GOUVERNEUR, *à un officier*.

Allez prévenir le Prince que nous attendons sa présence. (*l'officier sort.*) N'avez-vous rien à me dire. N'auriez-vous aucun secret à verser dans mon sein ; vous pouvez avoir une entière confiance en moi ; je vous jure d'exécuter ponctuellement vos moindres volontés.

MAURICE.

Cornélie connaît-elle mon destin ?

LE GOUVEREUR.

Elle l'ignore.

MAURICE.

Je vous conjure de le lui apprendre avec ménagement ; dites-lui que vous m'avez vu expirer en prononçant son nom.

LE GOUVERNEUR.

N'avez vous rien à dire à vos amis, à vos parens.

MAURICE.

Je suis orphelin, j'avais peu d'amis, un seul, un seul... (*levant les yeux sur le Gouverneur.*) Il parait aussi m'avoir abandonné.

LE GOUVERNEUR, *osant le fixer*

Si ce n'était à ton heure fatale, je ne te pardonnerais pas ce reproche ; crois-tu, parce que tu me vois en cet instant froid comme les marbres qui couvrent les tombeaux, que mon cœur a perdu sa sensiblité; Dieu seul peut décider quel est le cœur des deux qui saigne le plus en ce moment. Tu peux, toi, épancher ta belle âme; le devoir m'ordonne de concentrer ma douleur... je suis plus à plaindre que toi.

MAURICE.

Je meurs content; ton amitié, ton estime me suivront au tombeau. Que dis-je? elles me survivront.

SCENE VIII.

LES PRÉCÉDENS, LE PRINCE, deux Officiers.

LE PRINCE.

Major, le texte de la loi vous condamne; qu'avez-vous à dire sur son application.

MAURICE.

Que l'arrêt est juste, j'ai mérité la mort.

LE PRINCE.

Refuserez-vous encore de nommer vos complices?

MAURICE.

Je n'en ai point. Ne retenez pas plus long-tems captives l'épouse et la fille de mon bienfaiteur.

LE PRINCE.

Elles lui seront rendues.

MAURICE.

Ah! que le ciel vous récompense pour ce trait d'humanité; puisse ma patrie, dont vous êtes l'idole, dont vous serez un jour le libérateur, rendre justice à vos vertus et vous en payer le prix. Pardon! mon cœur est plein; daignez tendre la main à Hugo Grotius et lui pardonner, personne n'est plus digne de votre amitié que cet homme respectable. Ah! puisse ma mort ramener le calme dans ces malheureuses provinces, puisse mon sang versé éteindre à jamais la discorde civile, et je croirai alors ma fin digne d'envie.

LE PRINCE.

Les lois sont plus fortes que les Princes; il m'en coute de ne pouvoir adoucir celle qui te condamne. Va, si le général blâme ta conduite, sois assuré que l'homme sensible t'excuse et qu'il gémit d'une nécessité fatale. (*au Gouverneur.*) Eloignez de mes yeux cet objet de pitié. (*le Gouverneur fait un effort pour commander l'escorte; il met son mouchoir sur ses yeux et se prépare à obéir.*) Gouverneur, je vous dispense d'un devoir rigoureux. (*à un officier qui remplace le Gouverneur.*) Allez. (*Au Gouverneur.*) Demeurez près de moi. (*Maurice sort avec la garde.*)

SCENE XI.
LE PRINCE, LE GOUVERNEUR, Suite du Prince.

LE GOUVERNEUR.

Ah ! mon Prince, je vous remercie... vous avez compâti à ma peine. J'allais obéir ; mais jamais ma voix tremblante n'eut donné le signal.

SCENE X.
LE PRINCE, LE GOUVERNEUR, CORNÉLIE, MARIANE.

CORNÉLIE, *sortant de la forteresse.*

Est-elle vraie, cette horrible nouvelle ? Maurice est condamné. Non, je ne puis le croire.

MARIANE.

Rassurez un amante, une mère éplorée.

CORNÉLIE.

Vous gardez un morne silence.
(*Le Gouverneur montre de la main le chemin de la place.*)

CORNÉLIE.

Ciel ! ô ciel ! c'est lui, on l'entraîne. Ah ! courons. (*Mariane sort en courant.*)

MARIANE.

Dieu ! puissant. (*elle veut marcher, elle chancelle et tombe sur ses genoux.*)

SCENE XI.
LE PRINCE, LE GOUVERNEUR, MARIANE, Suite.

LE PRINCE.

Secourez cette infortunée. (*deux officiers vont auprès de Cornélie.*) Quel est celui de mes sujets, qui dans ce moment s'estimerait assez peu pour envier ma fatale puissance ?

SCENE XII.
LES PRÉCÉDENS, GROTIUS, *derrière le théâtre.*

GROTIUS.

Arrêtez ! arrêtez !

LE PRINCE.

Quelle voix !

LE GOUVERNEUR.

C'est celle de Grotius.

(39)

MARIANE.

Mon époux!

LE PRINCE.

Courez! que l'on suspende l'exécution.

LE GOUVERNEUR, *aux officiers qui s'empressent d'exécuter l'ordre du Prince.*

Laissez! c'est à moi... Maurice est mon ami... j'arriverai assez tôt; j'ai retrouvé mes forces.

SCENE XIII.
GROTIUS, LE PRINCE, MARIANE.

LE PRINCE.

C'est lui. Il vient se livrer lui-même.

GROTIUS, *dans le plus grand trouble.*

Prince... me voici... ordonnez qu'on suspende l'exécution... je viens reprendre mes pesantes chaînes.

LE PRINCE.

Vos vœux ont été remplis aussitôt que votre voix s'est fait entendre.

GROTIUS.

Dieu puissant, je te remercie, l'innocent ne périra point. Oui, Prince, je le jure, Maurice, ignorait ce projet d'évasion; il n'était connu que de moi, de Dieu..

MARIANE.

Et de nous.

GROTIUS.

Si je m'étais résolu à fuir, c'est que je venais d'apprendre que des amis égarés cherchaient à soulever pour moi le peuple de Gorcum. Dieu! si j'eusse été l'occasion d'une guerre civile, si le sang des citoyens eut coulé pour moi, si je n'eusse obtenu ma liberté qu'à ce prix affreux, l'existence m'eût fait horreur. Avant de me présenter au peuple, j'ai laissé passer les premiers momens de son effervescence; bientôt il est assez calme pour que ma voix puisse se faire entendre, je conjure, je presse, je supplie, j'obtiens qu'on dépose les armes, qu'on les rende aux soldats trop peu nombreux pour se défendre; je tais les dangers auxquels j'apprends que Maurice est exposé; je profite du premier moment où l'on me laisse seul, pour accourir ici. Vous savez tout, Prince, disposez de mon sort; sauvez un innocent, et faites le bonheur de mon pays; je n'aurai plus rien à désirer.

FÉLIX.

Si mon père eut voulu nous serions maintenant à la tête d'une nombreuse armée.

GROTIUS.
Silence ! jeune homme.

LE PRINCE.
Donnez-moi votre main, Grotius, nous n'étions pas faits pour être ennemis.

GROTIUS.
Puisse la vôtre que je presse guérir toutes les plaies de l'état.

LE PRINCE.
Vous m'aiderez de vos lumières, vous m'aiderez à faire oublier ces tems de discorde et de haîne. (*on entend du bruit, des cris.*)

GROTIUS.
Quel est ce nouveau tumulte ?

FÉLIX, *remontant*.
Ce sont les soldats, le Gouverneur, les officiers qui entourent Maurice et le ramènent en triomphe.

SCENE XIV ET DERNIERE.

LES PRÉCÉDENS, MAURICE, CORNÉLIE, LE GOUVERNEUR, Officiers, Soldats *en désordre*.

MAURICE, *court aux pieds du Prince*.
Mon Prince !

LE PRINCE, *l'arrêtant*.
Vous êtes le héros, le modèle de l'amitié. Voyez ! Grotius vous tend les bras.

GROTIUS.
Mon fils ! mon digne fils ! Cornélie est à toi. Je ne te dirai point fait son bonheur, je l'assure en te la donnant, c'est à elle à te récompenser. (*Félix est entre les bras de Cornélie, de Mariane, il donne la main à Félix.*) Prince, voilà votre ouvrage.

LE PRINCE.
Puisse ce tableau que je contemple avec ravissement être le simbole et le présage de la félicité publique.

FIN.

www.ingramcontent.com/pod-product-compliance
Lightning Source LLC
Chambersburg PA
CBHW060520050426

42451CB00009B/1075